大学语文教学与传统文化研究

毛　丽　著

北京工业大学出版社

图书在版编目（CIP）数据

大学语文教学与传统文化研究 / 毛丽著． — 北京：
北京工业大学出版社，2020.11（2021.10 重印）
ISBN 978-7-5639-7715-4

Ⅰ．①大… Ⅱ．①毛… Ⅲ．①大学语文课－教学研究
Ⅳ．①H193

中国版本图书馆 CIP 数据核字（2020）第 220033 号

大学语文教学与传统文化研究

DAXUE YUWEN JIAOXUE YU CHUANTONG WENHUA YANJIU

著　　者：毛　丽
责任编辑：邓梅菡
封面设计：点墨轩阁
出版发行：北京工业大学出版社
　　　　　（北京市朝阳区平乐园 100 号　邮编：100124）
　　　　　010-67391722（传真）　bgdcbs@sina.com
经销单位：全国各地新华书店
承印单位：三河市嵩川印刷有限公司
开　　本：850 毫米 ×1168 毫米　1/32
印　　张：2.5
字　　数：62.5 千字
版　　次：2020 年 11 月第 1 版
印　　次：2021 年 10 月第 2 次印刷
标准书号：ISBN 978-7-5639-7715-4
定　　价：40.00 元

作者简介

　　毛丽，1973年生，女，汉族，浙江义乌人，中南民族大学中国古代文学专业硕士，黄河水利职业技术学院讲师，从事大学语文、中国传统文化教育等课程的教学工作，系"双师型"素质教师。其主要研究方向为中国古代文学、中国传统文化等，曾发表学术论文多篇，并参与编写多部普通高等教育教材。

前　言

　　大学语文是高校针对非中文专业学生开设的一门综合性的素质教育课程。在目前高校非中文专业开设的课程中，这一课程承担着弘扬中华优秀传统文化的重要责任。该课程的教学价值除提高大学生运用语言文字的能力外，更重要的是通过对中国古典文学经典性作品的教学，促进学生继承和弘扬中华民族优秀的传统文化精神，丰富其精神世界，提升其人文素养，增强其文化自信和民族自信，进而达到"立德树人"的教育目的。

　　现阶段，我国大学生普遍出现对传统文化认知不够深刻、感知欲望不强烈等问题，因此大学语文教学务必要想方设法有效地落实传统文化的传承功能，借此持续提升大学生的母语素养及人文精神。在此类背景下，笔者决定结合实际，集中化探讨论证现代大学语文教学中，如何更为科学合理地进行传统文化教育，希望能够引起相关教学人员的关注。

　　本书共四章。第一章为绪论，主要内容有大学语文教学与传统文化研究背景、大学语文教学与传统文化研究现状、大学语文教学与传统文化研究目的。第二章为大学语文与传统文化概述，主要内容有大学语文概述、传统文化概述、传统文化融入大学语文教学的重要性与必要性。第三章为传统文化融入大学语文教学的意义，主要内容有传统文化融入大学语文教学有助于培养学生的人文精神、传统文化融入大学语文教学有助于实现民族的伟大复兴、传统文化融入大学语文教学有助于延续优秀的历史文化。第四章为传统文化融入大学语文教学的思路创新，主要内容有课程创新，增强传承意识；提高教师修养，构建渗透模式；扩大阅读量，提升文化素养；回归写作，表达深度与温度；贴近生活，营造校内外文化氛围。

为了确保研究内容的丰富性和多样性，笔者在写作的过程中参考了大量理论与研究文献，在此向涉及的专家学者表示衷心的感谢。

最后，限于笔者水平，加之时间仓促，本书难免存在一些疏漏，在此，恳请广大读者批评指正！

目 录

第一章　绪　论

中华传统文化博大精深，蕴含着丰富的民族文化精髓和人文精神，是文化传承与民族复兴重要的精神保障。大学语文课程承载着培养大学生人格精神和弘扬优秀传统文化的重大使命。把中华优秀传统文化教育融入大学语文课程建设，对提高和丰富学生的文化内涵及传统民族文化素养大有裨益。为此，我们应首先对大学语文教学与传统文化研究背景、研究现状及研究目的进行一定了解。

第一节　大学语文教学与传统文化研究背景

大学语文课程的教学理念及内容定位争议颇多，相关学者大多各持己见。有的意见甚至主张"根本改造"；有的学者将近年关于语文"人文性"的提倡发挥到了极致，要求推出大学人文读本、大学人文教程；有的学者则添加进更多属于传统文化知识的内容，号为"高等语文"；后来更有"大学文学"之倡，震动亦不小。相关教材，或为人文思想论集，或为文化史讲座，或为纯文学选本。有媒体在宣传时称，欲以此取代传统大学语文教材，在教学界引发了疑惑和争议。这实在牵涉到大学语文课程的定位和内容构建、语文教学的独立价值和独特功用等复杂问题，是需要详加讨论的。

首先，不论如何改革，有一点是毋庸置疑的：在现行体制下，大学语文课程不是汉语言文学专业教育，不同于中文系的专业课程。它应当针对低年级大学生在义务教育和高中阶段接受语文教育后的实际水平，服从于各类高等院校非中文专业学习及培养目标对学生语文素养的要求，面向全体非中文专业的学生，帮助这些学生切实提高语文修养和能力。这一点应该是这门课程的标准探索者、教材编写者、课堂讲授者的基本认知和共同出发点。我们不可忽视大学生亟待培育高级语文素养和语文能力的当务之急和专项之需，无限制地扩充领地，致其无所不涉、无所不包。尝试自是不妨，但如果根本改造的结果是削弱、偏离甚至取消了大学语文课程自身，或使其面貌模糊不清，名存实亡，则委实不妥。

同时，在中国传统文化脉络和现实教育语境里，语文是一门特殊的基础学科。这一点与其他多数国家的母语教育有所不同。无论古今，中国语文既与大多数学问浑融于一体，又在书写、识字、选词、造句、炼意、谋篇、用事、讲究文辞之美、音声之道，乃至意境营造、文气建构等方面具有某种相对的独立性、纯粹性。

在现代中国，虽然人类文明的知识架构有了很大不同，学生用功的重点早已呈多点平铺之态，但母语水平的持续提升，依然既是终身学习的需要，又是需要付出相当精力才能达到的目标，更是中国人基本文化素质的体现。当年吕叔湘等语言学家称为"咄咄怪事"的用多年时间、众多课时来学本国语文却大多数不过关的情形，及今思之，也许实在竟是中国语文学习的常道。现代语文学习虽然有程度上的区别，却也莫不如此。长时间以来，我们陷入视语文为工具的认识误区，又以为文言文已经过时，而只学习白话文，容易多多，于是断言在中小学甚至义务教育阶段就可以"毕其功于一役"地完成语文学习的"任务"。到了大学阶段，学生顺理成章地认为，只需学习其他种种专门学问及外国语。其结果，则是母国语文无所长进，专业学习与语文提高无法互为奥援、携手共进。

中国语文的研习对象，自然是以汉语言材料（语言学界有区分"语言"和"言语"两个概念者，此处不做区别）的面貌呈现的所有汉语文本。而这些语言材料、文本，就其整体来说，必然涉及人类社会生活的所有方面，诸如人的情感态度、世界观、价值观、人文立场、文学及艺术素养、审美能力、科学精神。透过语言文本，系统、深入地探究这些内容，是大学中其他课程的任务。语文则与其他学科、课程不同，它是从人如何言说、如何表达来切入，致力于探讨诸如文本构成、语言魅力、表现形式、书写技巧、文辞之得体等，并且把这些作为研讨学习的着力点。就此而言，语文具有其特定的描写对象和探究内涵。

正确理解和回归中国传统文化脉络和现实语境里的语文概念的基本含义，是十分必要的。它与基础教育中的语文自然有程度上的区别，但没有本质的不同，同样是汉语口头语（"语"）和书面语（"文"，即"语"的高级形式）的合称。叶圣陶讲得再清楚不过："'语文'一名，始用于一九四九年华北人民政府教科书编审委员会选用中小学课本之时。前此中学称'国文'，小学称'国语'，至是乃统而一之……口头为'语'，书面为'文'，文本于语，不可偏指，故合而言之……与原意合矣。"其后来还解释说："什么叫语文？语文就是语言，就是平常说的话。嘴里说的话叫口头语言，写在纸面上的叫书面语言。语就是口头语言，文就是书面语言。把口头语言和书面语言连在一起说，就叫语文。"

据此而论，大学语文课程的方向、主体、要旨，仍然是帮助修课学生继续改善语文修养、提高语文应用能力。前述之人文、文化、文学种种，亦非语文所着意排斥的，却总有主从之分。大学语文课程固然有助于提高学生的文学鉴赏能力，可能要讲一些基本的文学史知识，肯定会有一点思想启蒙或文化宣讲的味道，也会涉及写作指导……但这些都并非这门课程的方向、主旨。

任何国家的母语教育课都是以旨在提升国民语言水平的语文课为主的。母语教育是每一个公民的基本权利，也是受到联合国教科文组织认定的基本人权之一："每个人都应该能用其选择的语言，特别是用自己的母语来表达自己的思想、创作和传播自己的作品。"中国对母语（汉语）教育的态度与联合国教科文组织的精神也保持高度一致。田小刚在"2007年国际母语日"致辞中说："母语是一个民族的灵魂，保护和使用母语也是保护人的基本权利。"由此可见母语教育的重要性与政府的坚定支持态度。

然而，令人深思的是，现阶段部分中国人的汉语水平却出现了日渐退化之危机。复旦大学中文系语言文学研究所所长傅杰教授说："正如古话说的，久居兰室不闻其香，不少中国学生并未领会母语的优美，对母语的研究少之又少。"这成为我们教育事业绕不开的一道坎。

之所以说，提高国人特别是大学生母语水平的重担就落在了大学语文这门课上，一方面是因为学生的母语水平急需提高，另一方面也是因为母语教育本身就具有终身性。德国著名教育家雅斯贝尔斯在《什么是教育》中说："一个人要精通一门学科就需付出毕生的精力，在语言方面，则是母语。"

虽然大学语文教育对于提高国民的母语水平和整体素质非常重要，但在目前的中国高等教育中，无论是教育部门还是高校本身，对大学语文教学的重视程度都十分有限，从某种程度上还存在着轻视现象，这从教育资源的配置中就可以得到佐证。

同样是语言学习，部分高校对外语的重视程度远远超过了大学语文。其不惜重金引进高水平的外语教学教师，给予他们很好的教学环境与发展空间。然而在大学语文方面却存在一些"师资水平低下""职称和学历较低""兼职教师比例很大"的问题。大学语文教师普遍具有"不受重视""发展空间有限"和"待遇偏低"等感受。在此背景下，大学语文教学的发展就受到了很大的制约。而这将严重削弱大学生语言水平的提高，并阻断他们母语教育终身性的步伐。

既然现阶段大学生的母语水平不高，急需提高，而大学语文教学成为提高学生母语水平的最重要途径，那么在高校资源的配置与均衡化上，就必须进行必要的改革。只有对大学语文教师在物质、职称评定、个人发展空间方面进行合理的倾斜，给予他们应当获得的资源，才能稳定并壮大教师队伍，让学生们在教师安心、积极、敬业的授课中，获得母语水平的大幅度提升。这对于整个国家的发展也具有重要意义。因为正如北大教授温儒敏所言："种种迹象表明，世界文化格局正在发生显著的变化，在未来的世界文化格局中，汉语言以及汉语所负载的中国传统文化和中国新文化将占有越来越大的比重。"

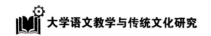

第二节 大学语文教学与传统文化研究现状

一、大学语文教学改革艰难

造成大学语文教学改革艰难的原因是什么？笔者认为，主要有以下几个方面。

（一）大学语文课程的地位未定

俗话说："名不正，则言不顺。"言不顺，做起来当然就更难。从小学到中学，语文课程可以说是作为非常重要的核心课程开设的，对于每一个学生来讲，要想考上理想的重点中学和重点大学，语文课程的作用非同小可。因此，对于这样一门关系到学生前途和命运的课程，自然会引起各级教学管理部门、语文教师、学生及其家长的高度关注，自然会倾其所有力量给予重点保证。

到了大学以后，尽管大学语文课程被大多数高校确定为公共基础课程，但由于受大学教育专业化的影响，该课程已失去了往日的辉煌，它已经从原来的中心地位被挤向了边缘。更为重要的是，教育主管部门没有明确其在高校课程设置中应有的地位，从而造成该课程开设的极大随意性。这是大学语文课程教学与改革举步维艰的原因之一。

（二）大学语文课程的性质定位不明确

许多大学开设本课程的初衷，主要是为语文基础差的理工科学生补课，其课程性质仍然停留在中学阶段的语言层面，即工具性上。要用非常有限的几十个课时来解决大学生在中学花了很多时间都没有学好的应用写作能力，谈何容易？大学语文课程到底是为了解决什么问题？能解决什么问题？是强调其工具性，还是强调其人文性？抑或是工具性和人文性并重？其定位不太准确。这个问题还没有从根本上解决。经过近些年的探索与研究，多数学者的观点已接近一致：那就是大学语文必须有别于中学语文，必须守正出新，创新大学语文教学理念，更新教学内容和方法。课程定位不能太高，太高了目标实现不了；定位太低了，不能称其为大学语文。如果再顺着中学语文的教学思路走下去，则会严重挫伤大学生的学习积极性和兴趣，其结果只会进一步加剧大学语文课程地位的丧失，使其进一步被边缘化。大多数学者认为，该课程性质应该定位在人文性上，以传播人文思想和文化观念为主，这一点已形成共识。

（三）大学语文课程缺乏创新的教学理念与思维

在经济全球化影响下，中国社会文化已发生了重大转型。西方大众流行文化进入中国，极大地挤占了中国文学和文化的生存空间，使广大青年学生的知识构成、价值观念、思维方式及生活方式发生了重大改变，传统的纯文学教学语境已不复存在。再加上在世界范围内兴起的文学研究也发生了重大转型。与其他学科一样，文学研究为了生存，也在不断地越界、扩容，学科之间的边界正在变得十分模糊，文学研究也正在进行着艰难的文化研究转向。一批人文学者，尤其是从事文学研究的人文学者，正在转移自己的研究视点，投入日益变化的社会洪流中去，解读和阐释新产生的各种社会文化现象。

因此，作为培养学生人文素质的大学语文课程也必须面对全球化的大众文化语境，按照与时俱进的原则，全面创新大学语文教学思维，在"守正出新"的基础上，应当更加在"新"字上做文章，不仅形式要新，而且教法要新，内容要新。只有做到了求新，才能更好地满足大学生的需要，从而激起他们的学习欲望。

（四）大学语文师资队伍极不稳定，水平参差不齐

凡有中文系的院校，多数教师都更想从事中文专业课程的教学，很少愿意从事大学语文教学。究其原因，从事专业课程教学意味着将会受到更大的重视，其今后评硕导、博导比较名正言顺，其待遇差别较大。而从事大学语文教学的教师则被认为是"万金油"、没有专业深度，在晋升职称、科研经费投入等方面将会处于边缘化的状态。所以，这就造成了大学语文教师队伍的极不稳定，水平参差不齐。一方面是一些有水平的教师不安心本课程教学，都想拼命挤向专业课程教学；另一方面是新来的教师又没有太多驾驭大学语文课堂的经验，其最终的教学质量也就可想而知。

二、传统文化融入大学语文教学情况不理想

（一）大学生的中国传统文化基础薄弱

中国传统文化是中华民族历经数千年积淀而形成并延续下来且保存相对完整的文化，对整个中华民族的发展具有重要作用。作为新时代的大学生，了解祖国辉煌灿烂的传统文化，有助于他们增强民族自信心和自豪感。不过，从相关大学生对中国传统文化认知状况的各种调查报告来看，目前部分中国大学生对中国传统文化的认知程度与接受程度不容乐观。

（二）大学语文输入内容欠缺中国优秀传统文化内容

树立大学生的本土文化自信并增强大学生的文化传播力是大学语文课程改革的重要内容。但目前大部分大学语文教材的内容对中国优秀传统文化阐释偏少，缺乏系统性。中国优秀传统文化与大学语文教学进行融合的可能性也随之减弱。在互联网＋时代，各种文化充斥网络，随着学生接触中国优秀传统文化的机会的减少，也间接导致了一些大学生中国文化自信的缺失。如何提升大学生对中国文化的自信和传播本国文化的能力成为大学语文教学亟待解决的问题。

（三）大学生沉迷网络流行文化，缺乏中国优秀传统文化支撑

在互联网＋时代，各种文化鱼龙混杂，大学生难辨是非，势必对中华优秀传统文化在高校中的传播带来不利影响。一些大学生对自己国家的文化一问三不知，却对西方文化津津乐道，痴迷于西方的大小节日及生活方式。现在的大学生人生阅历尚浅，缺乏文化理论基础，人生观、价值观、世界观还未完全成熟。网络开放性的特点容易使学生受到西方文化的冲击，进而影响他们的政治价值观念。不健康的网络流行文化容易使学生误入歧途，进而诱发道德问题甚至是犯罪。网络虚拟性的特点，使一些大学生习惯于在虚拟的世界中找存在感，淡化了对人生理想的追求和对人生意义的思考。

第三节　大学语文教学与传统文化研究目的

一、培养大学生语言能力

听说读写能力的培养一直是语文教学的主要目的，对于大学生来说尤其重要。从未来的职业发展来说，专业学习固然重要，但是走向工作岗位，更重要的是与人相处的语言能力、交际能力、心理承受能力等。专业领域越来越细，如果仅仅是为了专业技能，不如几天几个月的实践操作更有效。因此和谐相处能力和创新能力尤为重要。从专业学习和发展的角度看，语言能力很重要，因为理解学习需要语言的理解力，专业的学术论文等需要语言能力。

对于大学生来说，读写技能显得尤为重要。在信息化的社会要有甄别信息和运用信息的能力，阅读培养学生获取信息的方式和能力，还可以在分析文章和作者思路时，使学生得到思维训练。写作是一种重修辞、重结构、重秩序的思维训练，因为文章观点的获得、材料的选择、结构的安排、语言的表达，都需要思维的参与，可以说，写作是培养思维能力最直接的方法。同时，在知识经济时代，写作不仅是创造和加工信息的手段，也是一种物质生产的手段。

二、培养大学生人文精神

目前科学的发展日新月异，科学的门类越分越细，导致大学专业也向精专的方向发展。如果学生只掌握自己专业的知识，而缺乏广博的文化视野，可能会使人的情感猥琐，内心封闭，出现心理异常。名牌大学的高校生向动物园的熊泼硫酸，或是为了一点小事就杀害自己的舍友，就是例子。人类要摆脱人的异化，首先应该成为一个人，其次要发展成为一个社会人，与人相处，与社会交往，这就需要人文精神。

人文主义的教育就是要关注人的生命与价值，关注人的心灵世界，关注人生的意义、生死、道德、幸福、痛苦、焦虑等人生重大问题，大学语文本身具有的人文性质，有助于培养学生的人文精神。例如，大学语文中的文学作品可以陶冶人的情感世界，给人以感性的经验、情感的体验，让人富有激情、富有爱心；同时它给人以丰富的想象，发展人的直觉和想象联想能力，改善人的思维结构。而语法有助于提升人的思想水平，提高人的表达能力。在求真的同时，发展审美能力，发展人的良知；在追求理性的同时，发展人的感性；在尊重客观规律的同时，丰富人的情感世界，使学生既有爱科学、爱智慧的科学精神，又有追求真善美的人文精神。

三、培养真正的知识分子

大学，是培养人才的摇篮，是为社会输送劳动者的场所，这些未来的劳动者，将来不论是工人、农民还是科技工作者，他们首先都应该是知识分子。不是所有的劳动者都是知识分子，知识分子应该是具有社会良知，具有社会责任感、使命感的有知识、有思想、有文化的人。在当今世界多元化、信息化的背景下，科学技术高歌猛进，劳动者更多的是出售他们的知识，而不仅是体力。在现代社会中，需要掌握知识的人努力抵御功利性的淫浸，要始终如一地做出独立性的判断，担负起人类的责任，传递真理的声音。知识分子应该是社会良知的代表，是真正的君子，能够给予社会发展以正确的价值导向。

大学语文对于学生来说，就是要用美好的情感孕育美好的情感，以高尚的文化引导高尚的品格，以丰富的精神世界构筑心灵的世界，以高品位的格调引领高品位的追求，正如英国教育家纽曼所言："大学教育的目的在于提高社会理智的格调，培养大众的心智，净化民族的情趣，给大众的热情提供真正的原则，使大众的热情达到固定的目的，扩充和节制时代的观念，促进政治权力的行使，改善私人生活的交往。"

大学语文虽然只是大学教育的一部分，但是大学语文丰富的情感内容、睿智的哲理思考、美好的生活描写、深邃的精神世界、多元的文化交融，有助于抵御世俗物欲的蒙蔽，有助于人的心灵的完善，有助于防止科学的异化，防止人的异化，从而有助于完成知识分子的教育历程。

四、对大学生进行文化教育

虽然最初的大学是职业教育、职业训练，但现在的大学主要是进行文化教育。大学，正如它的名字，无所不包。而文化，是大学的核心理念、是一所大学的灵魂。

大学语文要传承民族的优秀文化，传承人类的优秀文化，是文明的见证和标志。大学语文帮助人们在文化多元化和多样性的环境中理解、体现、保护、增强、促进和传播民族文化和地区文化以及国际文化和历史文化。

大学语文要培养大学生的文化批判精神。大学生既要具有厚德载物、海纳百川的气量和魄力，还要有甄别和批判的眼光及胆识，其不仅要完全独立和充分负责地就伦理、文化和社会问题坦率地发表意见，成为社会所需要的知识权威，以帮助社会去思考、理解和行动，更应该不断对新出现的社会、经济、文化和政治趋势进行分析，加强自己的批判和前瞻功能，为社会提供预测、报警和预防信息。目前，各种文化现象并存，形成"众神狂欢"的多元文化格局：中国传统文化与西方后现代文化碰撞；精英文化与大众文化的交锋；消费文化的泛滥……如何选择文化，如何批判地继承文化，就是人的文化素质的表现。

大学语文还要培养大学生的文化创新精神。大学生不仅要批判地继承文化，还要在此基础上创新，文化才会焕发恒久的魅力。创新是文化的魅力和活力所在，创新使文化进步，反之，文化就会停滞不前甚至倒退。

大学语文作为文化课的主要课程之一，有责任传承民族文化，培养学生的文化批判精神和文化创新精神。

第二章　大学语文与传统文化概述

通过研究能够发现，借助大学生语文课程，可以提高传统文化在当代大学语文教学中的渗透力，促进大学生提高自身文化素养，让民族传统文化得到更好的传承和发扬。本章主要内容有大学语文概述、传统文化概述、传统文化在大学语文教学中的重要性与必要性。

第一节　大学语文概述

我国的大学语文课程几经沉浮。2006 年发布的《国家"十一五"时期文化发展规划纲要》提出，高等学校要创造条件，面向全体大学生开设中国语文课。教育部的质量工程为高等数学、大学英语、计算机基础、大学语文设立了 4 个建设项目。在过去，大学语文是得不到这种"待遇"的。

苏步青教授 1978 年发表任复旦大学校长宣言时说："如果允许复旦单独招生，我的意思是每一堂先考语文，考后就判卷子。不合格的，以下科目就不考了。语文你都不行，别的是学不通的。"

1978 年秋天，南京大学恢复了大学语文课程，校长匡亚明对当时的语文教材不满意。匡亚明主动和徐中玉联系，希望两校合作，编写一本高水平的教材。后来他在这本教材的序里说："大学里开设语文课，意义重大。马克思曾经说过，掌握一种语言，就等于掌握一项武器。现在很多大学生，语文水平较低。试问，连祖国语文这一基本武器都不能掌握，如何能正确地理解科学知识和完善地表达科研成果？"

1980年10月，徐中玉所在的华东师范大学与南京大学在上海召开"大学语文教学讨论会"，全国二十多所高校参加，经过讨论，与会代表制定了教学大纲，拟定了教材篇目，成立了教材编审会，筹建大学语文研究会，并在上海、合肥、济南、杭州开了四次编选会。1981年2月由徐中玉和匡亚明在上海审定教材，交由华东师范大学出版社出版。自此，全国部分高校逐渐恢复大学语文的教学。

自1980年我国高校重新开设大学语文课程以来，受教育部高教司委托编写的华师大版《大学语文》已累计印刷1700万册，使用的高校达千所以上。据教育部全国高校中文学科教学指导委员会2006年8月的一项调查数据表明，在目前全国一百多所高校使用的大学语文教材当中，由徐中玉、齐森华主编的各种版本的《大学语文》约占市场的30%。

陈垣先生在辅仁大学时，亲自抓全校一年级国文教学并带头上课。当时有的理科学生不认真学习大一国文，先生曾亲自动员，提出理科学生若缺乏较深的国文知识，缺乏文字表达能力，自己的科研成果就无法通顺表达出来。陈垣先生常谓，不能教国文，如何教历史？国文不通的人，如何能读史书？他亲自教大一国文和中国史学文选课，直到20世纪50年代，他虽声望日隆，年事日高，还坚持不懈地授课。

温儒敏认为大学语文课程主要还是激发和培养学生对语文的兴趣，也就是对民族语言、文学、文化的兴趣，特别是把以往可能在应试教育中丧失了的兴趣重新激发起来，让学生体味语文之美、人文之美，培养对民族语言文化的亲近感、自豪感。同时，不应当忘记大学语文课程有综合性和工具性的特点，上课应当扣着语文能力来讲，做读写训练。他不太赞成把大学语文上成一般的文学欣赏课，它是一门综合课。

华东师大谭帆教授指出，要充分发挥大学语文在培养人才方面的作用，大学语文课程必须专业化，大学语文教师必须学者化。所谓课程专业化，不是说把大学语文课程变成专业课，而是说教师要有专业的水平，用专业的眼光审视文学作品，深入浅出，让学生辨别出文学的趣味，领悟到人文的意蕴。所谓教师学者化，是指从事大学语文教学的教师应该是文学类有关专业领域的专家学者，它包括两层含义：一是著名学者承担大学语文教学任务，20世纪前期大学语文就有名师从教的优良传统，如沈尹默、闻一多、朱自清、沈从文等，新时期的北大、华东师大等高校保持了这一优良传统；二是已经在从事大学语文教学的教师，应当以成为著名学者作为自己的努力方向。

第二节 传统文化概述

世界文化丰富多彩，中国传统文化是其重要的一部分。要想更好地认识中国传统文化，必须正确地认识中国传统文化在当今世界中的地位、作用及发展前景：中国传统文化在当今世界中的地位举足轻重、不容忽视；中国传统文化在当今世界中的作用如鼎之重；中国传统文化在当今世界中的发展前景一片光明。

一、中国传统文化的主要内涵

习近平总书记在党的十九大报告中指出，要深入挖掘中华优秀传统文化蕴含的思想观念、人文精神、道德规范，结合时代要求继承创新，让中华传统文化展现出永久魅力和时代风采。尤其是面对当前历史虚无主义、文化虚无主义的肆意泛滥和西方文化的挑战时，发挥和利用好中国传统文化的优势，讲好中国故事，传播好中国声音，对提高中国文化软实力、增强民族文化自信，有着非常重要的现实意义。弘扬和创新中国传统文化，首先要把握中国传统文化的基本特质。与西方的智性文化、罪感文化相比，中国传统文化主要表现为一种和合文化、德性文化、喜感文化。

（一）和合文化

"和合"有和谐、和平、融合、包容、和而不同等多重含义，"和合"理念是贯穿中国传统文化的一条主线，是中国文化具有包容性、和谐性、持续性等特点的主要原因。国学大师汤一介先生认为，中国传统文化最为显著的一个特点和优势是追求"普遍和谐"，"普遍和谐"的观念体现在儒释道三家的思想中，包括了自然的和谐、人与自然的和谐、人与人的和谐以及人自我身心内外的和谐四个方面，它比较全面地体现了中国文化的本质。儒家的和谐观念以"自我身心内外的和谐"为起点，通过提高道德修养实现自我身心和谐，进而推广到人与人的和谐，人类社会和谐了，人才能很好地处理人和自然的关系。人与自然和谐了，人才不会破坏自然本身的和谐。

"合"音同"和"，二者是相通的。在文学含义上，"合"指运动时全身上下能互相配合、协调一致，各肢体间的动作恰到好处，没有过犹不及的情况，即"中和"。汤一介先生提出，中国哲学的主题和精义是"天人合一""知行合一""情景合一"，这三者对应着具有普遍意义的真、善、美三个价值。中国传统哲学的主流儒家思想是康德式的"真→美→善"，儒家思想的主流大都把论证"天人合一"或说明"天人合一"作为第一要务。中国人的思维方式主要表现为一种"合"的整体性思维，其讲究共性，包含集体主义观念、爱国主义传统。与此相反，西方文化更多承袭了古希腊柏拉图、亚里士多德等人主客二分的思维方式。汤一介先生说："欧洲（西方）的思维模式从轴心时代的柏拉图起就是以'主—客'（即'心—物'或'天—人'）二分立论。然而中国哲学在思维模式上与之有着根本不同，是从轴心时代就以'天人合一'（即'主客相即不离'）立论。"从柏拉图的宇宙二元论，将现实世界与理念世界区分开来，到康德的"现象界"和"物自体"之分，西方文化中的"分"的思维方式始终占据主导地位，且更多强调个人权利至上。

（二）德性文化

钱穆先生曾指出，中国的文化精神是一种人文主义的道德精神。张岱年先生说，如果把西方文化视为"智性文化"，那么中国文化则可以被称为"德性文化"。西方文化重知识，中国文化尊德性。中国德性文化以"天人合一""物我一体"为前提，以人与自然的和谐为目标；而西方智性文化以人和自然的对立为前提，以人类对自然的征服为目标。在主客二分的思维模式下，西方人追求的是一种向外的超越，要与自然做斗争。斗争必须借助自然科学这种理性工具，所以，一切科学知识都是为人类改造世界服务的，哲学在西方也被称为"智慧之学"。西方传统文化普遍认为人是理性的动物，理性是人区别于其他动物的重要标志，教育的目的就是追求知识、探索真理，把人培养成富有理性的人。中国传统文化一直以儒家思想为主导，而儒家文化以伦理道德为本位。孔子是儒家思想的缔造者，在长达几千年的中国传统文化与传统教育中，影响最大的莫过于孔子，孔子提出了"天人合德"的观点，认为人应效法天，与天合德，以达到"天人合一"。儒家文化非常强调教化的作用，其在发展过程中始终渗透着伦理道德的观念。所以，汤一介先生认为，儒家学说的核心在于"教人如何做人"，教育最主要的目的是培养有德行、具有健全人格的人。

仲小燕在《论中华传统德性文化》一文将中华传统德性文化概括为"天人合德"的崇德意识、"厚德载物"的立德思想、"以德修身"的自律主张、"为政以德"的治国方略、"德才兼备"的人才要求和"以德报德"的伦理准则。

在笔者看来，第一条是最重要的，而中国人的崇德意识实际上与前文所述的"和合"理念密不可分，要讲和谐，必与人为善。董仲舒说过："夫德莫大于和，而道莫正于中。""德"生于"和"，"和"即"德"。德的最终目标和落脚点就是"和"，道德建设的目标就是追求和谐的价值理想。上至国家的稳定和谐，中至宗族、家庭的团结和睦，下至个人自我身心的宁静和谐，其实现的途径都是"尊德性"。周公（周文王姬昌第四子）提出，统治者必须"以德配天""敬德保民"，只有有德者才可承受天命，失德就会失去天命。因此，统治者必须恭行天命，尊崇上天与祖宗的教诲，爱护天下百姓，做有德之君。《朱子家训》云："君之所贵者，仁也。臣之所贵者，忠也。父之所贵者，慈也。子之所贵者，孝也。兄之所贵者，友也。弟之所贵者，恭也。夫之所贵者，和也。妇之所贵者，柔也。事师长贵乎礼也，交朋友贵乎信也。"朱熹对君臣、父子、兄弟、夫妻、师生、朋友之间的伦理道德关系做了全面论述，讲明了每个人在国家、社会、家庭中应尽的道德责任和相应的角色义务，构建了一个相亲和睦的理想图景，是对中国传统德性文化要求极为简洁而恰当的说明。

（三）喜感文化

大致而言，中国传统文化是一种讲究和谐、追求完美、注重以和为贵的喜感文化。中国的"喜感文化"和"德性文化"都是从"和合文化"中派生出来的。

在"和合"理念、"合"的整体性思维的指导下，人们在生活实践中必然注重崇德向善、热爱和平、以和为贵，其结果必然是皆大欢喜、其乐融融。简言之，"合"则"和"，"和"则"喜"。与中国传统文化"合→和→喜"基本特质相对应，西方传统文化的特点是"分→斗→悲"。

如上文所述，西方文化在主客二分理念支配下的目标必然是征服自然、改造世界，而斗争的结果往往带有悲剧色彩。在西方人看来，西方悲剧意识、罪感文化的源头可以追溯到人类的老祖宗亚当和夏娃。当年其二人因受毒蛇的诱惑，违背了上帝的禁令，偷吃了伊甸园里的智慧果，受到上帝的惩罚，最终被赶出伊甸园。亚当和夏娃的这一罪过传给他们的后代，成为人类一切罪恶和灾难的根源，称为原罪。人在出生的时候为什么要哇哇大哭？因为人生而有罪，人生就是赎罪的过程。所以，叔本华说，"人生的本质就是痛苦"，人从一出生开始就是个悲剧，注定要受苦受难。

中国的喜感文化体现在中国传统文学作品中就是一种大团圆式的结局。与西方的罪感文化不同，中国式的悲剧作品往往会在"悲剧"之后加上一个尾巴，让它有一个相对圆满的收场，典型的如《梁山伯与祝英台》《长生殿》等爱情故事，其基本上都是本着"大团圆"的原则让有情人终成眷属；《窦娥冤》《赵氏孤儿》等悲剧中的人物最终一定是"善有善报、恶有恶报"。所以，中国悲剧是否真的属于悲剧，一直以来备受争议。依笔者看来，中国传统文学作品中的悲剧实质上是一种"悲喜剧"，体现的是中华民族特有的人文关怀和乐观主义精神。而西方古典悲剧往往令主人公处于悲惨的境遇中乃至令他们被毁灭，让读者心生怜悯和恐惧，或以一种悲壮的美让人久久不能忘怀。在西方人看来，残缺也是一种美。而中国人总觉得断臂的维纳斯有点美中不足，不够完美，这是因为中国人追求的是"十全十美"，在潜意识里就接受不了罪感文化，没有西方人的悲剧意识。

二、中国传统文化在当今世界的地位

我们可以从以下三个方面对中国传统文化进行认识理解。

传统文化是人类社会发展的遗传基因。美国人类学家拉尔夫·林登认为："社会遗传即文化。"这就是说传统文化是人类社会的遗传基因，没有传统文化，也就没有现实社会。反过来讲，传统文化是引导社会合理发展的最终准则。泰勒认为："文化或文明从一种广泛的人种学的意义上讲是一个复杂的整体，它包括知识、信仰、道德、法律、习俗以及其他所有人作为社会成员所获得的一切能力和习惯。"因此，人类社会是人类文化的体现，文化传统对现实社会具有规范和导向作用。

传统文化是一个民族的存在根基。美国文化学者希尔斯在《论传统》中说："传统是新信仰和行动范型的出发点，就是其注脚。"在希尔斯看来，一个社会离开文化传统，也就离开了前进的方向和行动的准则。一个民族的文化品质，是在文化传承中确立的。英国当代学者吉姆·麦克盖根说："文化指形成意义的实践和习俗。"没有特定的文化传统，也就没有特定的文化形态。丧失文化传统，也就意味着一个民族的退场。

传统文化是人类的终极身份证。人的社会属性来源于文化属性。因此，传统文化是人作为有思想的动物的源价值和终极身份证。中国新文化运动思潮中的个性解放精神，就与中国传统诗学中的狂狷品格相关。郭沫若就十分欣赏屈原放浪不羁的个性。现实总是对作为社会深层意识形态的传统文化进行折射与回应，而具有高度精神遗传特征的人类，无论如何都能彻底超越传统文化对其的影响。20 世纪初，罗素就向世人急呼："中国至高无上的伦理品质中的一些东西，现代世界极为需要。"罗素的呼吁是我们重新认识中国传统文化的一个重要启发。

　　中国传统文化价值目标集中表现为对"内圣"和"外王"的追求，即成就道德人生和建立道德社会。"修身"和"德治"是其主要的文化价值手段。"礼"是传统文化价值规则体系。"内圣"指理想的道德人格和道德理性。"外王"指治国平天下的政策战略。在儒家总的价值趋向中，"内圣"是占主导地位的。《大学》非常明确地表达了中国传统文化体系的价值目标和手段，其曰："大学之道在明明德，在亲民，在止于至善"，又曰："自天子以至于庶人，壹是皆以修身为本"。《大学》所提出的"修身"旨在达到"内圣"之境，治国平天下属广义的"外王"。"内圣"而"外王"的过程就是从"修身"到"德治"的过程，是道德向政治生活扩充的过程。伦理道德政治化是中国传统政治文化的鲜明特点之一。孔子早就说过："为政以德，譬如北辰，居其所而众星共之。"朱熹更将王道、德行的价值调控作用从政治扩大到历史、生活等广阔领域。他说，"古之圣人致诚心以顺天理，而天下自服，王者之道也"，又说，"能行其道，则不必有其位，而固己有其德矣"。这样的人，"用之则为王者之佐，伊尹太公是也；不用则为王者之学，孔孟是也"。从中国社会的文化发展历史来看，当"德治"不能发挥作用时，便会辅之以"刑"，"以刑配德""礼正其始，刑防其失"。"德""刑"两手并用，是中国传统文化价值手段系统的重要特点。中国传统文化也是一种"礼治"文化，"礼"是传统文化价值规则体系。"礼"规范、约束着人的行为，维护着社会对道德的追求，是"成德""治世"的有力保障。

当代社会存在冲突的一个重要原因是现代文明的畸形膨胀与传统文明的倾覆。人类文明由两大形态构成，即精神文明与物质文明。物质文明是精神文明的外显，精神文明是物质文明的内涵。从这个意义上讲，精神文明决定着物质文明。而人类的精神文明又由两大范畴组成，即工具理性与价值传统。工具理性决定着人类生存实践的智能水平和物质进步，是人类物质生产的重要保障；价值形态规范着人类的社会行为和道德情操，是社会和谐、国家稳定的重要基础。但令人遗憾的是，当今社会，以工具理性为基本要素的现代文明的泛滥，使长期以来作为人类社会行为准则基础的价值传统开始坍塌。两大精神形态的失衡，必然会带来社会的动荡。

西方一些独具慧眼的学者早就意识到现代文明与传统文明的失范所带来的社会危机，并试图开出补救药方。希尔斯在《论传统》中宣称，后现代社会的任务，就是"将某些启蒙传统与启蒙运动后继人试图加以抛弃的某些传统结合起来"。

事实上，现代文明并没有给人类带来应有的满足与和谐。相反，我们看到的是高科技带来的发展不平衡与反差，以及由这种不平衡与反差所引发的持续的利益冲突和强弱对立，进而导致贫富悬殊与社会不公，最终造成人际关系的紧张与社会冲突。重新审视传统文化，从传统文化的价值范畴中去吸取有利于当代社会健康发展的价值精华就显得非常重要与急迫。

世界文化由各个国家独具特色的文化构成。虽然各个国家的文化没有好坏优劣之分，但却有强与弱、主流与非主流、主导与非主导之别。现在，中国的传统文化独领风骚，在世界文化潮流中处于核心地位。而现在全球各民族的传统文化处于"你中有我，我中有你"的和谐状态。

在历史上，各个国家的传统文化在整个世界文化中的地位、强弱由各个国家的传统文化自身在世界中的作用、贡献大小决定。从人类几千年的历史发展来看，一个国家不论大小都对世界文化做出过贡献，这恐怕是一个不争的事实。但另一个事实是，各个国家对世界文明、文化做出的贡献是大小不等的。有的国家对周围的国家产生了较大的影响，而有的国家对周围的国家的影响相对较小。在古代，中国是世界上社会经济发展最好的国家之一，社会经济的发展带来的是中国传统文化的兴盛，此盛况使得各国纷纷向我国学习。可以说中国传统文化在很长一段时间内影响着世界文化的发展。到了近代，西方各国纷纷进入工业化生产阶段，并早早地完成了工业革命。

相比中国传统文化，此时近代工业时期的西方文化更能代表当今世界文化发展的大势。与此同时，中国传统文化在整个亚洲乃至全世界的核心地位受到严重影响。

在现代，伴随着西方世界种种弊端的出现，西方文化在世界上的领先地位开始动摇，不仅如此，中国传统文化开始渐渐显露出它的优势。西方文化与中国传统文化都是构成世界文化的有机组成部分。从世界范围来看，西方文化与中国传统文化两者相得益彰，且处于一种"你中有我，我中有你"的和谐状态。

三、中国传统文化在世界范围内的作用

（一）对于中国来说，是向世界展示自身的一面镜子

偌大的世界由众多国家组成，而各个国家在世界中既是各自独立的，又是紧密联系的。近年来随着全球化的深入发展，世界各个民族和国家越来越紧密地联系起来，在政治、经济和文化等各方面进行密切交流。近年来，中国在世界上的发展势头日趋强劲。中国之所以如此，得益于自身丰厚的传统文化。

中国的传统文化成为中国向世界展示自身的一面镜子，通过这面镜子，世界上的各个民族和国家可以很好地认识中国，从而为中国在世界的发展奠定良好的基础。

（二）对于外国来说，是可以借鉴的文化宝藏

中国传统文化既是中国的文化又是世界的文化，因为文化最大的特点在于其无国界性。中国传统文化的发展得益于中国得天独厚的自然环境及人文条件等，中国独特的传统优秀文化博大精深、内涵丰富，有着无限的开放性、包容性等。中国传统文化的诸多特点有很大一部分是其他国家文化所不具有的，因此，这就对其他国家的文化有了一定的借鉴意义。

四、中国传统文化的发展前景

（一）中国：发展壮大

中国传统文化是中国土生土长的文化。有人说，在经济全球化的今天，各个国家日益联系在一起，照这样发展下去，国家与国家之间的界限会越来越模糊，但是各国的传统文化这时便显现出巨大的作用。各国的传统文化是各个国家形象的标志，

为了更好地体现本国的民族特色，各国不得不大力发展本土的传统文化，中国也不例外。中国的传统文化是中国在漫长的历史发展过程中延续下来的思想文化、思维方式、风俗习惯、制度规范和宗教艺术等的总和。同时，这也是"中国"之所以成为"中国"、"中国人"之所以叫作"中国人"的原因了。大力发展中国传统文化，可以更好地稳固中国的根基，可以更好地展示中国与其他国家的不同之处。为此，我国应人力发展中国传统文化，使中国传统文化在本土能够将根基扎得更牢，从而得到更好的发展。

（二）世界：汇聚普世源流

当今的世界是文化多元的世界，中国优良传统文化的源远流长不仅在中国本土有体现，而且在世界范围内也有体现。中国在发展自身传统文化的同时，也加快了自身文化向世界传播的速度。此外，有一句话说得好，"水往低处流"，这是一个亘古不变的真理。中国优秀传统文化与其他国家的文化相比，必定有相对出彩的地方，这就不可避免地使其被他国学习、借鉴。这是一个发展的态势，也是一个必然的趋势。

中国传统文化的核心是儒学。儒学是人类文明宝库的重要组成部分，它在中国乃至全世界的现代化历史进程中都有举足轻重的地位。不仅如此，中国传统文化的精髓更是为世界文化的丰富多彩奠定了坚实的基础，提供了重要的思想源泉。譬如中国传统文化儒家思想中的"天下为公""大同社会"等思想至今仍不过时，后人根据其所在的时代背景不断加以完善，形成具有时代意义、包含新时代内涵的新思想，如"和谐社会""公有""民主平等"等。这些思想相比有些国家或民族的"私有制""集权""霸权国家"等无疑更具开放性、包容性。

这些都是今后世界发展的大势，是全人类共同发展进步的必由之路。

第三节　传统文化融入大学语文教学的重要性与必要性

中华民族的传统文化是先辈不断总结和继承下来的，是中华民族的宝贵财富，其中不仅包含了具有中华传统文化特色的语言文字、丰富的历史文化古籍、充满前人智慧的宗教思想，同时还包括了优秀的伦理道德文化和思想价值观念。这些优秀的传统文化逐渐成为我国社会主义精神文明建设的重要依据。随着现代社会经济的不断发展，经济全球化和文化多元化逐渐加深，对于中华民族来说，应当以一种什么样的态度站在世界发展的舞台上，是一个应当引起所有中华儿女关注的问题。对于大学生来说，他们身上所负担的责任非常重大，在日常学习和生活中不断了解与学习中华民族传统文化是很有必要的。目前的大学语文教材中，蕴含中国传统文化的篇目占有相当的比重。大学语文教师要充分挖掘这些作品中优秀的传统文化，引导学生了解、认识其重要价值与现实借鉴意义。

现阶段，我国正处于社会转型发展的关键时期，出现了个人主义、拜金主义和享乐主义等消极文化因素，正侵蚀和感染着我们的大学生，使部分大学生的人生理想发生转变，对其正确价值观念的形成造成了巨大的负面影响。部分大学生抱持金钱至上的价值观念，仅仅重视个人享受，对于中华民族的优良道德传统却嗤之以鼻。基于这种事实，我们更应当在大学语文教学过程中借助优秀传统文化对学生实施思想教育工作，帮助其提升人文素质，让他们学会如何做一个有价值的人。

一、传统文化融入大学语文教学的重要性

（一）大学语文教学的主要任务就是传承传统文化

对于大学生来说，经过小学、初中和高中阶段的系统语文知识学习，获得了听说读写能力。当学生具备这些能力之后，才能进入大学学习更深层次的语文知识内容。

如果大学语文教学依然重复这些知识，那就无法拓展学生的语文知识视野，对学生的未来发展是不利的，而且也难以调动学生的学习兴趣。

大学语文需要在当前的基础上巩固学生所学的知识，进一步培养学生的语言能力，同时也要传承传统文化，而传承传统文化是大学语文教学的主要任务。

（二）传承传统文化是培养语文应用型人才的重要途径

著名教育学家匡亚明先生曾经提到过："大学语文作为一门边缘性学科，不仅要让学生掌握基本的语文知识内容，培养学生鉴赏语文作品的能力和语言表达能力，而且要在大学语文教学中传承和发扬中国传统文化，以期能够培养出道德素质高的综合性人才，激发学生的爱国热情。"

近几年来，中共中央国务院针对大学语文教学提出了新的教育体制改革发展规划，其中明确指出要在大学语文教学中应用传统文化教育，并且在小学、初中和高中语文课堂中引入传统文化，全面改革和创新语文教学内容和课程体系，从而为大学语文教学创造良好条件，夯实基础。在中国大学语文课程中，必须加强传统文化教学。自此以后，我国的大量高等院校为了完成这一任务，纷纷开设了带有传统文化教学环节的大学语文

课程。这种大学语文课程体系能够帮助学生更好地了解民族语言和民族文化，提高学生对传统文化的认同感，了解自己所处的文化背景，从而在自己的内心打下深刻的精神烙印。

（三）传承传统文化能够提高大学生的人文素养

中华民族的传统文化传承久远、博大精深，是一代代先辈在历史发展中积累下来的宝贵财富，其中蕴含了古人智慧和各种宗教文化思想，同时包含了中国传统道德伦理文化与思想价值观。在我国社会主义精神文明建设的过程中，这些宝贵的传统文化思想是不可缺少的。

对于新时期的大学生而言，他们肩负着传承发扬中华传统文化的重要责任，所以在大学语文学习中必须深入了解和研究中华传统文化，这样才能促进中华传统文化发扬光大。目前，中国传统文化在大学语文教材中占据着极大一部分内容，作为大学语文教师，必须充分引导学生去了解和挖掘中华传统文化，帮助学生认识中国传统文化的思想价值。

二、传统文化融入大学语文教学的必要性

（一）大学语文教师队伍是传统文化传承的主导力量

传统文化是民族历史上道德传承，各种文化思想、精神观念形态的总体，其内涵丰富，意蕴深远。在现代社会背景下，传承传统文化对当下中国人的价值观、生活方式和中国的发展道路具有深刻的影响，一个民族要实现现代化的发展必须要以传统文化作为发展的基石和动力的源泉。但是在当代多元文化的冲击下，传统文化面临着被边缘化的威胁，"过时论""无用论"等观点此消彼长，传统文化被人们作为历史的陈迹而忽

略。在这样的社会背景下，大学语文教师从事语文教育，任重而道远，既要提高学生的母语应用能力，又要承担起传统文化传承的重担。大学语文教师作为传统文化传承的主体，大学语文教师队伍建设水平是传统文化传承成败的关键。

目前高校大学语文课程普遍无固定的师资，教学工作大多由其他专业课教师兼任，教师自身对于大学语文课程也不够重视，不愿意深入钻研，造成教学理念混乱、教学组织随意的乱象。其根源在于大学语文课程定位的模糊，导致其处于尴尬的境地。要切实落实大学语文传承传统文化的使命，必须要明确大学语文课程的定位，为大学语文教育配备固定的专业师资，严格遴选大学语文任课教师。

大学语文教师应具备扎实的中国文学学科背景，在传统文化研究领域取得一定的学术成果，对于传统文化有独到的见解和深刻的体会。特别要安排教学经验丰富、学识渊博的老教师担任大学语文教学工作，提升大学语文教育的成效，同时对年轻教师进行指导，帮助其快速成长。大学语文师资建设应加大培训、培养的力度，通过岗前培训、在职进修、国内外访学等多种途径不断提升大学语文教师的专业素养，在大学语文的教学实践中不断总结经验，

革新教学理念、教学方法，持续充电，打造集教学、教研于一体的教学团队，以教学带动研究，以研究促进教学，不断深化教学改革的力度。

（二）大学语文教材是传统文化传承的重要载体

教材是实现教育目标最直接的手段和工具，对于学生的学习过程会产生持久的影响。高校大学语文教学选用的教材种类繁多，编排体例各有侧重，质量参差不齐。笔者依据大学语文

教学实践经验及相关调研材料认为，由张铭远、傅爱兰主编的《大学语文》教材是高校开展传统文化教育的经典范本。该教材以提高学生的中国文化基本素养为主，辅以汉语应用基本能力的训练。其中传统文化的学习内容主要体现为中国哲学、文学、艺术、民俗等部分。中国哲学部分主要以《论语》《庄子》《老子》等经典作品为代表，言简意赅、意蕴丰富，是中国社会几千年发展的内在驱动力，充满着真知灼见，发人深省，对于现代生活依然具有重要的现实指导意义。

近年来兴起的"国学热"将古典哲学的经典作品称之为现代人都市生活的"心灵鸡汤"，由此可见传统文化在现代社会环境下依然可以引发人们心灵的共鸣，传统文化对于大学生人格的养成有着至关重要的影响。中国文学部分编入不同历史时期的经典文学作品，将其作为大学生感受传统文化魅力的生动范本，在培养大学生文学审美鉴赏能力的同时，提高大学生在现代语境下母语应用的能力和水平。中国古代的作家、诗人在他们的文学作品中大都表现出崇高的人生追求和价值目标，学习古典文学作品对于大学生人格的养成将产生重要的作用。中国艺术部分介绍书法、绘画、建筑、曲艺等传统艺术形式的艺术特点、历史渊源，激发学生的求知欲，带动学生参与艺术实践。民俗部分是传统文化在大众生活中具体的呈现，是传统文化中最接地气的表现形式，与民间生活相联系，是民间风俗习惯约定俗成的历史沿袭。民俗文化教育，既可以引导学生感受传统文化潜移默化的影响力，又可以对现代生活的认知形成更深刻的理解。

（三）大学语文教学理念、方法关系到传统文化传承的成效

著名语文特级教师于漪认为，母语教育绝不是识多少字、背多少词、做多少练习、写几篇文章，而是在引导学生理解祖国语言文字的同时，受到民族文化的教育，受到民族精神的熏陶，民族情结的感染。

大学语文教育要实现传统文化传承的目标必须要与时俱进，革新教学模式，掌握年轻人的认知特点，用学生喜闻乐见的方式去教授，结合现代流行文化形式来阐释传统文化的现代性意义，这样才能引导大学生树立正确的认知观念，深入领会传统文化的本源性意义。

大学语文教育要在教学过程中体现出学生的主体性，改变传统教育教师唱独角戏的授课模式，采取体验式的教学理念，尊重学生的感性体验，引导学生感受传统文化的魅力。欣赏古典诗词，以学生的诵读为主，以教师的讲解为辅，讲授古典诗词的创作艺术，指导学生参与作诗填词。要充分利用多媒体形象化展示的特点，让学生认知传统文化艺术，鼓励有艺术特长的学生上台展示，激发学生的学习兴趣。改变大学语文课程传统的考核方式，加大日常学习过程中考核的比重，精心设计考核的形式，提高考核的灵活性、自由性。例如，考核经典诗词的背诵，对某一特定的社会文化现象进行社会调查，进行自主创作等。

第三章 传统文化融入大学语文教学的意义

中国优秀传统文化是中华民族精神的精髓，是我国实现中国特色社会主义建设所必需的软实力，在我国社会发展中发挥着提升民族凝聚力、整合思想文化及激励民众觉悟的重要作用。在高等教育中，大学语文课程也肩负着传承中国优秀传统文化的使命，是大学生获取中国优秀传统文化知识的重要途径。随着时代的进步和我国社会对中国优秀传统文化的推广，当代大学生受到了一定程度的文化熏陶，但是大学生未必能获取中国优秀传统文化的精髓。而大学语文课程是我国高等教育针对新时期下社会发展对人才要求以及大学生对语文知识的实际需求编制的教材，具有科学性和针对性。教材对中国传统文化中具有优秀教育价值的文化内容进行融入，能够帮助大学生进行文化与道德情操的升华，实现对大学生的素质培养与教育。

第一节 传统文化融入大学语文教学有助于培养学生的人文精神

在当前的社会中，随着经济全球化的发展，西方文化涌入了我国的社会和文化体系中，导致我国的优秀传统文化传承受到了一定影响。基于这样的文化背景，在大学语文课程中渗透优秀传统文化教育，成为教师的重要教学目标，利用传统文化中的人本思想、人文精神等，对学生的思想、美德等进行培养与提升，让大学生在接受优秀传统文化的过程中，提升自身的人文素养，并形成正确的三观体系。

我们知道，大学语文不应仅仅承担其本身所具备的基础课的这一功能，更要承担对传统经典文化的承载与传播。民族的优秀文学作品、文艺典故等，本身就渗透着浓厚的人文精神，这对当代大学生在精神层面有着巨大的潜移默化的教化意义，对大学生情感态度和价值观的熏陶也有一定的感染作用，对大学生的文化品位、审美情趣和审美功能的提升作用也都非常显著。大学生若能认真阅读、感悟、品味这些作品，从中吸收精华、得到启发和领悟，那么作品中表达的真善美，以及蕴含在其中的人文精神就会自然而然地转化为他们精神素养的源泉。所以，笔者认为要充分利用好大学语文课程，发挥文学作品的情感渗透作用，对大学生进行爱国主义、思想情操、礼仪修养等方面的人文素质教育，培养他们的爱心、同情心、怜悯心。引导他们树立正确的人生观、世界观。培养他们高雅的审美情趣和高尚的思想品质，从而一定程度上提升他们的人际交往能力和语文能力，使他们将来走向社会后，无论从事什么工作，都能成为一个善良、正直、厚道、勤勉的优秀人才。

当前大学生身处社会转型时期，受功利主义、享乐主义、拜金主义等不良思潮影响，部分学生茫然无措、自我迷失，或以追求个人享乐为人生目的；遇到挫折，便失去自信，妄自菲薄；或时时处处以自我为中心，目空一切，狂妄自大；缺乏信念，缺乏感恩之心；缺乏吃苦耐劳的精神和从底层做起的勇气和恒心；缺乏对自我的准确定位和对未来的科学合理的规划；缺乏足够的抵抗挫折的能力。

大学语文教学要重视传统文化与人文精神的传承。各大高校开设大学语文课程，是普及传统文化的手段之一。国家教委在曾经颁布的大学语文教学大纲中强调过，以高尚的精神塑造人、以优秀的作品鼓舞人。要真正实施这一目标，就应该在教学中提倡传统文化教育和人文精神教育。笔者认为精神教育并不是空洞的、简单的说教，而应该是充分利用大学语文中具有的独特的历史文化特征及历史文化内涵（即人文的特征），使得大学校园的教育、课堂的教学更加具有教育的特色。

笔者认为大学教学的终极关注目标应当由过去的关注单位时间的信息知识传递数量，转向关注信息知识所产生的社会作用（即社会性）。要迎合和附和这一论断，那么，大学语文教学就必须走出以知识化为前提的教学理论框架，走出课堂教学的程序性。不仅应把大学生作为认识的主体，同时也作为发展的主体对待，来服务于人的道德意识、人格意识、心理意识的培养。

大学生要读懂经典，更要从中领悟中国传统文化。眼下最重要的就是要认真考虑大学语文课程的功能与定位。大学语文包含大学生应掌握的语言与文学，还承载着中国文化。在对其的理解上，不应该仅仅局限在开设的几门相关课程上，也不应该仅仅停留在语文本质的表面层次上，而应展现出中国文化的风采、魅力、精魂所在。所以，大学语文教师应当采取切实措施，认真研究大学语文课教材的编选特征，研究教学内容、教学方法与教育手段，为更好地传播经典传统文化而努力。

大学语文教材中，本身就含有明显的、诸多的人文性内容。所谓在大学语文课堂上突出人文性，就是指要在语文教学中力求将一个时代的人文精神浓缩在几个选定的经典文化作品中。通过对作品的解读、剖析、诠释，对其形象元素进行分析，以求深化时代和社会的认识。因此，大学语文教学就是去传承、呈现、传达、传播、积淀在中国文学以至世界文化中的具有积极意义和当代价值文化内涵的精神，譬如体现爱国主义、民族精神、民本思想、改革精神、奋斗精神的内容，体现人生价值、人格价值、道德伦理、仁爱精神的内容。

中国传统文化源远流长、博大精深，而人文精神是其核心要素所在。大学生应具备的人文素质主要包括以下几点。

（1）责任。古人有言：天下兴亡，匹夫有责；位卑未敢忘忧国。

（2）信念。古人有言：志不立，天下无可成之事。

（3）诚信。古人有言：人而无信，不知其可也；人非行无以成，行非信无以立。

（4）宽容。古人有言：惟宽可以容人，惟厚可以载物；忍一时风平浪静，退一步海阔天空。

（5）谦虚。古人有言：虚己者进德之基；人生大病，只是一傲字。

（6）礼让。古人有言：处世让一步为高，待人宽一分是福；有理也要让几分；得饶人处且饶人。

（7）豁达。古人有言：人生由来不满百，安得朝夕事隐忧；提起千斤重，放下二两轻。

以上仅仅是举例。中国传统文化中可供汲取的精华远远不止这些，必须对其进行充分挖掘，让学生既具有科学文化素质，又具备很高的人文素养，成为新世纪的高素质人才。

此外，在针对理工院校非文学专业的大学生开展大学语文教学时，也要注意补充人文教育，科学教育主要启迪灵性，而人文教育既能启迪灵性，又能启迪人性。只有科学教育与人文教育相交融，教育才能回应时代的呼唤。在经济快速发展的新时期，在世界各国逐渐走向全面合作的同时，世界在发展，科学技术在变革，新时代的大学生要具备符合社会主义发展的专业要求，又要具备内涵修养。

通过学习传统文化，从优秀的中国文学作品中领略中华文明的文化魅力，感悟其中蕴含的民族精神，学习鉴赏文化中隐藏的道德情怀以及民风民俗之美，在提升审美意识的同时感悟国家的伟大，提升民族责任感。他们在专业课之外的人文教育能够使学生培养高尚的道德情操，树立正确的人生价值观，在掌握先进专业技术的同时又能明晰地辨别真善美，明确民族语言和民族文化的神圣和高尚，更好地为建设祖国贡献力量。

第二节　传统文化融入大学语文教学有助于实现民族的伟大复兴

文化是人们智慧的结晶，同时也是民族生存和发展的重要动力源泉。因此，在大学语文课程中渗透优秀的传统文化教育，能够有效改善我国西方文化渐盛的现象，有效加强大学生的民族意识，激发大学生的民族复兴和发展的责任感，使其凝聚成一股强大的力量，为实现中华民族伟大复兴提供有效推动力。

一、中国优秀传统文化的基本内涵

在延安时期，毛泽东就要求全党要谦虚和敬畏地对待历史文化，重视对中国传统文化的学习和继承。毛泽东从中华传统文化遗产中发掘出了"实事求是"这一思想形式，对它做了科学的解释，为我们今天正确对待和合理利用中华优秀传统文化以及大力弘扬和培育民族精神提供了诸多有益的启示。习近平总书记在孔子诞辰 2565 周年纪念大会上的讲话指出，我们从来都认为，马克思主义基本原理必须同中国具体实际紧密结合起来，应该科学对待民族传统文化，科学对待世界各国文化，用人类创造的一切优秀思想文化成果武装自己。习近平总书记要求共产党人始终做中国优秀传统文化的"忠实继承者和弘扬者"，具有非常深远的历史意义和现实意义。中国共产党以弘扬中华优秀传统文化为己任，并不断赋予优秀传统文化以新的时代内涵。一代又一代的中国共产党人在实现中国梦的奋斗历程中，将"国家兴亡，匹夫有责"的爱国精神、"与时俱进、自强不息"的进取精神、"先天下之忧而忧"的忧患意识、"民为贵、君为轻"的民本思想、"仁者爱人""为政以德"的仁政文化、"出污泥而不染"的高洁品质等中华传统文化精华，发扬到了历史上前所未有的高度。

中国优秀传统文化是中华民族精神之魂，表现为以下几个特质。

（一）中国传统文化注重人的价值，强调以人为本

早在千百年前，中国人就提出"民惟邦本，本固邦宁"。我们继承发扬这些优秀传统文化，就是要坚持以人为本，把人当作主体、把人当作目的，关注人的生活质量、发展潜能和幸福指数，最终实现人的全面发展。

（二）中国传统文化注重坚韧刚毅，强调自强不息

中华民族之所以能在五千年的历史进程中生生不息，历经挫折而不屈，靠的就是这样一种奋发图强、坚韧不拔的精神。

（三）中国传统文化注重"和而不同"，强调社会和谐

中国人早就提出了"和为贵""和合"的思想，追求人际和谐、身心协调、天人合一的境界，向往"人人相亲，人人平

等，天下为公"的理想社会。今天，我们提出构建社会主义和谐社会，是对注重社会和谐的中国传统文化的发扬光大。

（四）中国传统文化注重团结统一，强调独立自主

中华民族自古以来便是一个多民族的统一的大家庭。经过几千年的发展，团结统一的意识深深积淀、内化在中国人的文化心理之中。中华民族万众一心、自立自强的民族精神具有坚不可摧的力量。

二、继承和发展优秀传统文化，实现中华民族伟大复兴

实现中华民族伟大复兴的梦想，固然是在近代以来中华民族面临生死存亡严峻考验的特殊背景下凸显出来的，但它之所以格外具有感召力、凝聚力和引领力，还在于它具有中华优秀传统文化的深厚底蕴。

首先，长期以来中华文明带给中国人民的强烈民族自豪感和文化自豪感构成了实现中华民族伟大复兴的大众心理基础和基本精神动力。其次，中国梦所包含和显现的强烈爱国主义精神正是中华优秀传统文化的核心和基石。舍生取义、精忠报国的精神信念，是优秀传统文化宝库中瑰丽无比的花朵。最后，中国梦所涉及的诸多要素深深地烙印着中华优秀传统文化的精神气质。实现中国梦所需要的自强不息的拼搏精神，所彰显的公平正义的价值取向，所强调的个人梦想和民族前途、国家命运的紧密关联，所主张的和平发展、合作共赢的理念诉求，都能在中华优秀传统文化中找到经典话语、内在依据和有力支撑。

（一）科学认识传统文化和优秀传统文化

我们在尊重传统的基础上，要有选择地吸收和创造性地综合，用历史和科学的观点来考察中国的传统文化，切实把握和深入理解传统文化的本质内容，弘扬优秀传统文化。在新的历史条件下，根据现代化的基本精神理念，对历史文化特别是先人传承下来的道德规范，我们要坚持古为今用、推陈出新，有鉴别地加以对待，有扬弃地予以继承。

（二）大力研究和挖掘优秀传统文化

实现民族传统文化的现代化，赋予民族传统文化以时代精神和旺盛活力，离不开引进和培植新的文化要素和文化精神。弘扬中华文明，要大力发挥哲学和人文社会科学的作用。通过繁荣和发展哲学、人文社会科学，推动中华民族传统文化的整理、开发和创新，让世界真正了解、喜欢和向往中华民族的传统文化，扩大中华文明在国际社会的影响。我们也要虚心学习其他国家的经验和做法，加大保护民族优秀文化的力度。

（三）将弘扬优秀传统文化与"中国梦"、社会主义核心价值观结合起来

社会主义核心价值观是中华民族的核心价值观，融社会主义的价值特性与中华民族的文化特性于一体。社会主义核心价值观必然根植于中国传统文化的深厚土壤，这就要求我们必须将弘扬优秀传统文化与社会主义核心价值观的宣传教育结合起来。

（四）把优秀传统文化融入学校立德树人的实践中

弘扬和传承优秀传统文化主要在于入心入脑，要内化为我

们每个人的日常言行，而不是流于形式。这要求我们从基础教育抓起，在教学、研究体系中坚守中华民族的文化基因和精神命脉。习近平总书记强调，社会主义文化建设的一个基础性工作，就是加强社会公德、职业道德、家庭美德、个人品德教育，全面提高公民道德素质。

（五）保持特色，不断创新

习近平总书记强调指出，要努力实现传统文化的创造性转化、创新性发展，使之与现实文化相融相通，共同服务于以文化人的时代任务。文化的生命力在于创新。要立足于实践，把跨越时空、超越国度、富有永恒魅力、具有当代价值的文化精神弘扬起来，以兼收并蓄的包容精神，借鉴其他优秀文明成果，通过转化再造、丰富发展，使其焕发新的生命力。

今日之责任，不在他人，而全在我少年。少年智则国智，少年富则国富，少年强则国强，少年独立则国独立，少年自由则国自由，少年进步则国进步。

当前，对优秀传统文化的保护和弘扬，方向已经明确，方针已经确定，任务已经部署，只待我们扬帆启航、共同参与，把中华优秀传统文化转化为实现中华民族伟大复兴的强大精神和思想力量，早日实现中华优秀传统文化乃至整个中华民族的伟大复兴。

第三节　传统文化融入大学语文教学有助于延续优秀的历史文化

为了突破旧思想、旧文化的束缚，实现我国经济的繁荣发展，人们大力引进西方的先进技术，导致外来文化不断侵入我国，为了防止我国的历史文化传承出现断层，教师可以借助大学语文教学平台，将优秀的传统文化渗透到学生的日常学习和生活中，进一步加深学生对我国传统文化的了解与认知，帮助学生创建民族文化的自豪感和自信心，从而有效保障优秀传统文化的延续与发展。

中华上下五千年的历史孕育了具有中国特色的中华优秀传统文化，中国传统文化在时代发展中不但继承了本身的内涵，而且被赋予了新的意义。语文课程作为树立学生对传统文化正确认知的载体，在初中、高中甚至大学，都被列为学生的必修课程之一，由此可见教育部门对培养学生人文知识的重视程度。为了顺应社会的文化变革趋势，各大高校均增加了对学生语文教学的力度，希望可以通过语文学习使学生掌握更多的国家发展历史，这正是中国传统文化在历史大潮发展中长期屹立不倒的原因。中国传统文化的底蕴是十分丰富的，也是独一无二的。基于信息化时代的到来，金融和经济迅速在全球崛起，语言类学科研究在时代中的地位越来越高，并在不断地繁衍中成为推进市场进步、打开社会发展道路的关键，因此"汉语热"在全球市场内不断升温，并成为市场内一种较强势的语言科目。为了提高学生对中国传统文化的认知程度，大学以语文教学科目为例，开展了一系列的教改工作。

首先，在语文学习中，大学生应担负起传播中华传统文化的责任。其次，让学生在学习中认识到语文学习的本质，在学习文章知识的同时，让其掌握文字中传递的精神。最后，让学生感受到自己在语文学习中的义务。只有这样，中国传统文化才能在社会中得以传播。为此，本节将开展中国传统文化在大学语文中的魅力再现的研究，掌握文字中潜藏的文化精神，实现中华传统文化在新生代学生中的传播。

一、在诵读中体现母语的魅力

语文既是汉语，也是中国人的母语，是中华传统文化的重要构成部分，截止至今，已有几千年的发展历史。汉语的标准化发音具有优美的旋律，在大学语文中，倘若教师想在课堂中传递感情，便可通过有感情地诵读语文文章进行。在大学语文课程中，还有很多的诗词歌赋均需要诵读者具备丰富的情感，如此才能使文章更具色彩与魅力。

教师在教学课堂中，往往会要求学生在学习或感知中，大声地将内容诵读出来。这样不仅仅是要求学生更加深层次地感知母语传播的文化精神，也是要求学生在语文学习中树立对民族文化、对中华悠远历史的自信心，这种通过诵读表达出的魅力是其他语言无法替代、不可比拟的。同时，大学已经将语文等级考试列入了学生期末测试与评估，截至目前，学习汉语或练习普通话的人越来越多，表明了越来越多的大学生已认识到了语文中中国传统文化的魅力。汉语表达测试被称为"汉语托福"，至今，此项测试已在全球范围内得到普及。总之，中国传统文化中母语诵读所展示的魅力是无尽的，也是当下汉语面临突破的一个转折点。

二、在写作中展现文字的儒雅

在几千年的中国传统文化长河中，博大精深且蕴含丰富历史文明的文化能保留至今，大多仰仗了语文中汉字的功劳。汉字与汉语一样，可同样作为中华传统文化表达中具有传承性的载体。从早期的"图形图画"到后来衍生出的"象形文字"，再到"简化汉字"，最后到如今的"汉字"，无论是其演变过程或演变的历史，无一不展示着中国传统文化的历史与底蕴。

因此，在大学语文教学中，学生通过写作来掌握汉字中的文化精神是十分有必要的。

在大学语文中，相关专业教师曾表示"一个有追求的大学生首先应熟练地掌握本土的文化历史发源及本土文字的发展"。对于不同专业学科的学生来说，掌握中华传统文化是基础，也是关键。因此在大学语文教学中，教师通常选择在教学中引导学生用汉字发挥自身的想象力进行创作。无论是从事金融类还是工商类专业的学生，在未来的就业发展中均需要文字为其作为支撑。这时，具有一定文字写作水平的学生便展示出了其自身的优势，在进一步向就业单位展示自身写作水平的同时，也向面试官传递了文字中表达的文化精神，能更好地打动对方，以此获得更好的学习机遇。

三、在经典作品中诠释汉字的人文素养

在大学语文中，经典作品与著名典籍是传承中国传统文化的载体。在五千年的历史文化推进中，古人的智慧与生活经验为大学语文学习创造了数不清的作品。其中《论语》《史记》《道德经》《三国演义》等著作均是十分经典的，这些作品不仅涵盖了中国传统历史文化，同时也对外展示了古人的智慧与历史文学性涵养。

当下大学生通常运用互联网来感知文化，通过互联网接触世界，对中国传统的文化缺乏系统性了解。为此高校选择将经典文化作品引入大学语文课堂，通过在课堂上传播文化知识，使学生掌握历史文化繁衍的概况。同时，在大学语文课堂上，教师经常根据当堂课的教学重点，选择著名的古典作品作为此堂课的教学案例。此种教学方法不但可以提高学生在语文课堂中的学习水平，同时在一定程度上，可树立学生对人文知识、

历史文化的认同感。总之，由教师展示的一些文学、文化、文字，在提高学生人文素养方面是十分有必要的，其作品中体现的文化精髓、历史底蕴都是值得后人去反复揣摩、不断深入思考的。

四、在文学活动中传递民族文化

引导学生在大学语文课堂中关注文学类活动也是中国传统文化魅力再现的另一种表现方式。在信息化社会的背景下，中国许多悠久的文化与历史已经受到了西方文化的侵蚀，大学生崇洋媚外的现象时有发生。为此教育部门开展了深入的调查与调研，并发现一些学生认为圣诞节是比中国传统节日更重要的节日，认为中国传统节日是可以被替代的。但大学语文课程较好地解决了这一问题，大学语文教师可通过开展线下语文活动的方式，呼吁传统文化的持续传承。

当代大学生作为社会中的朝阳群体，凝聚着民族与文化的高尚群体。为此在大学语文中，教师可通过联合社团与协会，组织学生按照不同时期的民族文化特征，开展不同形式的语文活动。例如，在端午节活动前，引导学生在语文课堂中书写活动策划案或口号标语。总之，大学生是当下社会中一个特殊的群体，不但肩负着文化传播的使命，也承担着传承文化的历史任务。

第四章　传统文化融入大学语文教学的思路创新

中国传统文化是华夏民族精神文明的结晶和体现。大学语文教师必须在语文课堂教学中渗透、讲解一些基本的传统文化知识，培养学生对传统文化的兴趣，让他们意识到传统文化之美，认识和理解传统文化的真正价值，自觉地去传承与发扬中国优秀的传统文化，从而提升全民族的文化素养。本章主要内容有课程创新，增强传承意识；提高教师修养，构建渗透模式；扩大阅读量，提升文化素养；回归写作，表达深度与温度；贴近生活，营造校内外文化氛围。

第一节　课程创新，增强传承意识

在几千年的历史文化传承中，中华民族以自己特有的信仰追求、文明准则和思维方式，逐步形成中华民族普遍认同的道德规范和价值取向。许多承载着中华优秀传统文化的名家、名著、名篇不断涌出。

我国语文教材的编撰历来注重优秀文化传统的渗透，尤其是近年来，教育部持续增加传统文化篇目，中华优秀传统文化的内容融入各个学段的语文教学，覆盖必修、选择性必修和选修各个教材。深研这些课本教材，合理吸收中华优秀传统文化养分，对全面提高中华优秀传统文化的认同感，树立起传承中华优秀传统文化的自觉意识，有着重要的意义。

一、深挖课程内涵，感受传统文化魅力

从学科内容特点和学生的专业成长需要看，大学语文课程呈现出如下的价值内涵。

（1）大学语文课程是一门基础性课程，是各专业的公共课程，教材遴选了古今中外的优秀文学作品，着重对学生进行语言文字、阅读与欣赏、写作基础知识和审美引导等方面的基础性教育和训练，使学生逐步提高自身的文学素养、语言理解能力和语言文字运用能力，为学生其他学科的学习提供分析理解上的支持，也为学生的身心发展和职业进步奠定坚实的素质基础。

（2）大学语文课程是一门人文性课程。文学作品是文化的载体，是直观、具体、形象地反映人文精神的艺术形式。大学语文课程中的经典文学作品，无不体现着作品诞生时代的文化精华，浓缩了作者着力弘扬的人文精神。学生得以通过对作品的分析、解读，理解和接受其中的人文意蕴，从具体可感的形象和生动真实的情节中体味其中沉积的文化现象，认识其中闪烁着的艺术价值，进而在内心深处萌发人生、人格、道德、伦理等方面的积极情怀。

（3）大学语文课程是一门工具性课程。高校的人才培养目标，决定了课程设置上的应用属性考量。大学语文教学既要培养学生的文学、文化修养，更要引领学生掌握语言应用的技能、技巧，把语言理解、语言归纳、语言表达作为教学的重中之重，突出语文学习对其他学科学习的支撑作用，让学生逐步形成处理工作和生活中实际问题所需的语言准确理解能力、高效的口头和书面表达能力以及跨学科专业的语言运用能力，丰富和升华学生的核心职业素养。

大学语文课程教材是一本厚重的传统文化教育史，从神话传说到先贤伟人，从古代诗文到传奇小说，都承载着厚实的传统文化。所以，大学语文教师应该把学生带进教材，鼓励学生去探究课文内容，感受强烈的人文关怀，增强对传统文化的了解。例如，从文天祥的"人生自古谁无死，留取丹心照汗青"中感受诗人崇高的民族气节，从范仲淹的"先天下之忧而忧，后天下之乐而乐"中感受作者以天下为己任的政治抱负。无数的文人墨客，用灿若星辰的诗文，形成了中华民族特有的文化底蕴和艺术气息。语文教师不仅仅要教学生会读会学，还要发掘出语文教材中的爱国情怀、民族气节，为培养学生的民族精神服务。

二、结合课程内容，渗透传统文化知识

在大学语文教材中，许多文章都涉及我国的优秀传统文化，教师可以结合课文内容在教学中渗透传统文化教育。如在进行沈从文的《端午日》一课教学时，可以引导学生谈谈自己了解的端午节的来历、习俗，让学生从中了解到诗人屈原的爱国情怀，以及每年的五月初五每个地方为纪念爱国诗人屈原的不同习俗。在了解民俗文化的丰富内涵、感受乡土文化的独特魅力的同时，培养学生对民族文化的热爱之情。教师还可以在拓展迁移中设计题目："现在，西方的'圣诞节''情人节''愚人节'等对中国的传统节日形成了很大的冲击，而韩国申报'江陵端午祭'为'世界文化遗产'获得成功，对这些问题你是怎样看的？你认为我们应该怎样对待我们的传统节日？"以此来引导学生客观冷静地思考。

第二节　提高教师修养，构建渗透模式

教师要率先垂范，加强自身修养，争做有理想信念、有道德情操、有扎实学识、有仁爱之心的"四有"好教师，要讲政治、有信念，讲道德、有品行，讲奉献、有作为，普遍构建起基于学科特点的个性鲜明的传统文化因素渗透教学模式。

要构建渗透教学模式，需坚持优秀传统文化教学和践行社会主义核心价值观相结合，与时代精神教育、革命传统教育相结合，与学习借鉴国外优秀文化成果相结合，弘扬爱国主义精神，强化家国情怀教育、社会关爱教育和人格修养教育。同时，强化中华优秀传统文化教育的多元支撑，视情况推出优秀传统文化精品教育课，建立传统文化名师工作室，制作师生共同创作的中华优秀传统文化"微电影"故事片或视频，培育一批中华优秀传统文化教育标杆学校，开展优秀传统文化主题教育、理论研讨、社会实践、志愿服务、文艺汇演等学习体验活动。

一、教师要加强自身传统文化素养

教师是知识文化的传播者，在教育中起到十分重要的作用，教师的自身文化素养直接影响着传统文化教育的质量，因此，只依靠专业的知识是不够的，教师要提高自身的素养，可以从增强思想、历史、艺术等方面的知识学习来扩大自己的知识面，进而提升自身传统文化的素养，以便将来更好地服务教学工作。教师在阅读方面可以提升自己的传统文化素养，读一读古代名家的书，除了读一些优秀的作品外，还可以看一看与其相关的传记。加强人文素质教育在大学语文教学中的渗透，要充分发挥大学语文教师的作用。对此，要构建高素质的教师队伍，具体可从以下方面着手。

（1）招聘优秀教师。大学要通过丰厚的薪资待遇招聘更多具备良好人文素质的优秀教师，从整体上提升语文教师队伍的人文素质，实现对现有教师队伍结构的优化，还要建立健全相关激励机制，并制定各项优惠政策，为高素质的语文教师创设良好的薪资待遇条件，加强对优秀语文教师的吸引。

（2）鼓励语文教师提升其人格魅力。要鼓励语文教师在巩固教学基本功，并增强各项教学技能的同时，博览群书，接受人文艺术的熏陶，并注重博学深思、明辨笃行，通过反躬自省、见贤思齐，有效提升自身的人格魅力，为学生树立良好的榜样，通过言传身教，有效加强人文素质教育对学生的渗透。

（3）增强语文教师的职业素养。要通过增强语文教师的职业素养，实现对人文素质教育的有效落实，要督促语文教师在日常教学过程中保持严谨踏实的教学态度，并强化各项教学技能，有效改善语文教学效果，并增强人文素质教育的有效渗透。

二、教师要改善教学方式

大学语文教师要对教学方式进行有效改善，加强人文素质教育的有效渗透，具体可从以下方面着手。

（1）精心挑选语文教材，并按照专题方式对具体教学内容进行合理组织。教师要对教材内容进行深入挖掘，加强人文素质教育与教材内容的紧密联系，明确人文素质教育的重要目标。教师要立足于人文素质教育，科学拟定教学专题，并根据专题对教学课文进行精心挑选，实施高效有序的专题授课，打破固有的教材课文编排顺序，对教学内容进行灵活安排。

（2）创设审美化的教学过程以及教学情境，加强对大学生的人文熏陶。教师要运用优美的语言进行授课，并基于教学课文的具体内容，灵活运用先进的多美体教学手段，创设良好的审美教学情境，在潜移默化中提升大学生的审美品位，增强大学生的人文素质。

（3）语文教师要强化情感教学。语文教师在开展语文教学的过程中，要强化情感教学，将自身丰富的人文情感充分灌注于具体的教学内容中，引导学生形成与人文教学内容的情感共鸣，在潜移默化中培养学生的爱国主义和人文主义情感，实现对学生思想品质和道德人格的有效完善。

三、教师要实施人文化的考核方式

大学语文教学要对学生实施人文化的考核方式，秉承人文理念对考核内容进行设计，注重对学生的人文素养进行考核。同时，要灵活运用多样化的考核方式，注重在平时的教学过程中对学生的人文素养进行考核，通过诵读演讲、课堂辩论以及写作等方式对学生进行考核。另外，要淡化考核过程中的标准意识，促进学生形成良好的创新精神。要摒弃传统考核中对标准答案的设定，要注重在考核过程中传达人文理念和文化精神，形成对学生深层次人文素养的有效考核，鼓励学生秉承人文理念对考核内容提供多样化的创新型答案。

四、创设教学氛围，注意丰富学生的人文情感

在大学语文教学中时刻可以发现有关人文思想的渗透，而为了更好地适应未来教学要求，很多教师也在积极地转变自身的教学模式，努力将人文思想教育模式体现在语文教学中，这在一定程度上加快了大学语文的人文素养教育路径的完善。

总体而言，目前大学校园中具有丰富的人文情感教学环境，从中可以剖析大量的人文元素，因此教师应该充分利用这

种教学资源，在尊重学生个性基础上，培养学生情感，最终达到人文教育的目的。例如，讲授《论语》时，教师可以先借助课堂上的多媒体设备，展示孔子的有关阐述，在通过视频进行展示之后，学生就能充分了解本堂课的主要教学内容；在吸引学生的注意力之后，教师采用抛砖引玉的方法，背诵几个学生耳熟能详的《论语》作品，帮助学生树立自信心，之后就可以围绕课堂的教学内容引导学生对《论语》进行深入学习，期间教师鼓励学生表达自己的看法，根据学生的回答评估人文素养养成情况，进而调整教学方向。从教学效果来看，这种教学方法可以将学生带入《论语》的学习氛围中，学生的人文素养会在这一环境中得到充分展示，有助于人文素质的培养。

第三节　扩大阅读量，提升文化素养

书籍是最好的精神营养品，阅读是获取中华优秀传统文化的最佳途径。扩大传统文化阅读量，可以直探人性本源，提升文化气质，塑造健全人格。如读《大学》，学习格物、致知、诚意、正心，学习做人的准则；读《论语》，学习温、良、恭、俭、让，学习爱人爱己、心怀天下、奉献社会；读《中庸》，学习行乎当行，止乎当止；读《孟子》，学习仁政的民本思想；读《墨子》，学习兼爱、非攻，等等。

党的十九大报告指出，要深入挖掘中华优秀传统文化蕴含的思想观念、人文精神、道德规范，结合时代要求继承创新，让中华传统文化展现出永久魅力和时代风采。教师要与时俱进，因地制宜地健全完善班级经典阅读制度，按照学期计划给学生制定相应的传统文化经典书籍书目，开展好读书笔记评选和读书心得分享活动，并结合语文学科优势，不断地更新传统文化学习内容,搭建展示学生传统文化阅读的舞台。

一、巧妙提升学生对传统文化阅读的兴趣

大部分学生对传统名著的阅读兴趣不高,对传统名著的文学不甚了解,这对于学生传统名著阅读有着较大的影响。只有学生具有兴趣,愿意主动去学习传统名著之中的内容,才能够从根源上解决传统名著阅读问题。在教学过程中,教师可以将自己树立成为榜样,带领学生有针对性地进行阅读,还可以帮学生找出传统名著阅读之中的难点,以小组的形式进行深入研究,这样学生能够有更多的兴趣去阅读。此外,教师也可以选取一些经典且有趣的段落来吸引学生阅读,让学生知道阅读这些传统名著有着较大的乐趣,吸引学生去阅读这些选段以外的其他内容。

另外,在现阶段繁多的多媒体信息之中,有着非常多的资源能够被教学所使用,只要将其与教材内容结合,并利用到阅读知识的学习当中,在一定程度上会推进学生名著阅读的效果。在对学生进行名著教学的同时可以向学生推荐部分关于名著内容讲述的节目,如《子午书简》《百家讲坛》等,通过对此类节目的观看,学生的知识领域得以扩展,让学生了解课堂之外的名著知识,同时也让学生对名著阅读有了新的不一样的体验。近几年来,许多名著被拍成电视作品,像《水浒传》《西游记》《三国演义》等电视作品深受人们的喜爱。教师还可充分发挥学生对电影的爱好,向他们推荐由名著改编的电影如《阿Q正传》《鲁滨孙漂流记》等。学生在看电影或者电视剧的过程之中也能够充分地了解名著之中的内容。通过电影和电视剧也能够让名著之中的文字具象化,更有利于学生体会其中表达的意向。这种来自视觉、听觉的多媒体展示,也

有利于学生在名著阅读时提升自己的想象力。然而，影视作品有时为了追求一定的效果或者导演的思想，有可能存在改编后与原文不符的情况，因此观看影视作品之后也要对其有正确的看待。

二、优化传统文化阅读的引导方法

相关调查结果显示，学生在就名著阅读这一问题上并没有固定的时间与阅读数量，每天的阅读也基本没有规律。与此同时，教师也没有很好地发挥其课堂主导的作用，学生都是盲目地进行诵读，并不是真正地理解所读内容的含义，这一现象是值得我们反思的。教师在文学阅读中的引导作用很重要，其要在课堂进行充分的准备工作。面对每部名著时，教师应该就其内容的理解找到简单易学的突破点，以便学生更易于学习和接受。比如，在《西游记》的教学中，故事情节跌宕起伏，内容过于复杂，每位主要人物在不同阶段都有不同的表现，这样学生很难抓住其重点内容。考虑到学生接触《西游记》主要是以电视开始的，那么可以在授课前先让学生讲解下电视剧中学生较为喜欢的故事和人物，以便吸引学生的学习兴趣，再依据学生的理解进行纠正与补充，加深其在学生脑海中的印象。

由于《西游记》是一部关于神魔题材的小说，里面的人物关系复杂，人物形象各异，单单就其中一个或几个关键人物进行分析是不能完全调动起全部学生的注意力的。基于此，教师可以将班级内全部学生分成四个大组，以接力竞赛的形式进行对名著的描述。在竞赛过程中学生要依次说出故事的开端、经过和结局，以及参与的人物和人物的性格特点等，这些都是建立在对小说极度熟练的情况下进行的。学生年轻气盛，好胜心强，带着这些任务再去进行阅读会很好地提高阅读效率。在活动进行中，因为是以小组为团队的共同答题，这就给了小组成员之间互相补充的机会，同时让学生认识自己的不足并加以补充。

这种做法在一定程度上提高了教学效率。当然，选择合适的名著进行阅读也是一门很重要的学问。世界名著有很多，其中不乏内容繁杂、题材无趣的书籍，如何选择一本适合自己的书籍对学生及其阅读效果来说是非常重要的。这就需要教师充分发挥其主导作用，帮助学生做出选择。

第四节 回归写作，表达深度与温度

近年来，中华优秀传统文化借助各种媒介，得到了深入挖掘。但作为学生来说，读与写的完美结合，依旧是传承中华优秀传统文化的重要方式。写作是一种直面人性、直抵内心的行为，它以价值观念、传统美德、人文精神为内容媒介，用文字的形式直接唤醒人们内心深处隐藏已久的情感，引发读者的强烈共鸣。

一、大学语文教学中大学生写作能力培养现状

众多的理工科院系仍然没有认识到写作能力的培养对于理工科学生也具有重要意义，一些高校的理工科院系到目前为止未开设大学写作课程，也没有开设大学语文课程，很多理工科学生的母语水平和人文素养仍然停留在中学生的层次上。

文学院的写作训练开设于大学一年级，经历了高中的应试教育以后，许多新生对经典作品的阅读量较小，许多基于学生一定阅读水平基础上的写作教学活动无法开展。同时部分学有余力的学生，却又对带有"补课"性质的写作教学内容

感觉"意犹未尽"。笔者建议应当推迟到大学二年级（至少是大一下学期）开设写作课程，同时在三年级或四年级开设"高级写作"的选修课，以满足部分学生进一步研究性学习的需求。

对于其他院系的大学写作课程而言，除了存在新生阅读障碍的问题，还存在着课时偏少、缺乏统一课程标准、缺少针对各专业的义体写作教材等问题。大学写作课程一般均设置为一学期，2 个学分。一学期 36 个课时的教学时间除去写作训练和随堂考试的时间以外，留给教师的讲授时间寥寥无几。同时由于开课班级学生专业各不相同，所需教授的应用文体也大相径庭，没有分类细致的教材不说，不少写作教师也是半路出家，对于一些较为专业的应用文体缺少实际经验。笔者认为较具有操作性的方案是让某位教师较为固定地教授某专业的大学写作课程，同时鼓励其针对所教专业，自编部分讲义。

二、大学语文教学中的写作渗透方法

中华优秀传统文化是当代大学生增强文化自信，实现民族伟大复兴的文化基础。而在教学中渗透、落实中华传统文化教育，则是大学语文教育的神圣职责。发掘中华传统文化的魅力，激发学生的学习兴趣，并将中华传统文化教育从课内引向课外，落实到学生的生活日常中，使学生在潜移默化中耳濡目染传统文化的光辉，并体现在行动中，如此方能真正落实传统文化教育。

由于学生中普遍存在着"写不好作文—害怕写作文—不愿意写作文—更写不好作文"式恶性循环的厌学心态，笔者在教学过程中尝试营造良好的学习氛围，探索了一些教学方法。

（一）精神鼓励法

按照惯例，开学第一次写作课都会安排一次水平测试以考查本班学生的实际写作能力，以便因材施教。笔者认为应当特别重视学生的第一次作文，对每位学生的作文都给出详细的以赞扬、鼓励为主的批语，不放过文章的任何一个闪光之处。即使是基本功较差的学生，也应当从修辞、字迹乃至于写作态度等诸方面给予适当肯定，以培养学生的自信心。同时，在以后的作文批改和评讲过程中也应当注意指出学生的点滴进步，每次评讲课上都安排 2 ~ 3 名水平较高的学生上台阅读自己的作文，在班级营造一个良性竞争的气氛。为了激发学生课堂外自主创作的热情，笔者在班级留下电子邮箱，欢迎学生匿名寄来习作并及时批改回复，同时积极向相关报纸杂志推荐学生优秀习作。

（二）成绩奖励法

俗话说，"分、分、分，学生的命根"，大学生也不例外。笔者在开学之初就向学生宣布了平时成绩的奖励制度，从学生主动回答问题、主动上台演讲，到在报纸杂志上发表作品，都按约定给予相应的平时成绩奖励。同时对作业成绩实行多次批改、择优给分，鼓励学生对所作文章进行反复修改。这一奖励办法较好地激励了学生的学习积极性，活跃了课堂气氛，同时也取得了较为理想的教学效果。

（三）因材施教法

笔者认为，在教学实践中要从教育心理学的角度出发，研究教学实践的对象——学生。教学活动必须按照学生的心理发展规律，以有利于发展学生的智力、能力和个性等方面为原则来展开，要把教学内容与学生巧妙地结合起来。教师在备课中既要备教材、备学科前沿动态，更要备学生。所谓备学生，笔者觉得至少包括以下三点内容。一要了解学生的知识结构。同样的教学内容，给不同院系的学生上课时，应当有所侧重。在给美术系学生讲"意境"时，可以结合中国画用墨的浓淡、空白来讲解，而给音乐系学生上课时则可结合《琵琶行》中音乐的疏密、停顿来讲解。二要了解学生的兴趣爱好。对于学生的兴趣爱好要注意加以引导，而不要以自己的认识贸然加以判断。笔者曾经发现部分学生喜欢读一些"口袋书"——比较低级的通俗小说，笔者没有断然否定，而是趁势给学生分析了"口袋书"模式化的构思和套路化的表达方式，既引导了学生的阅读兴趣，又传授了写作知识。三要了解学生的能力水平。对于不同的学生，由于其起点不同，所以教学重点应有所不同，预期教学效果也应有层次区别。

（四）作品阅读分析法

阅读与写作是一对"孪生兄弟"，写作者想要具备良好的表达能力首先要具有良好的文学鉴赏能力和艺术感受能力。写作者对优秀作品的阅读，可以培养他们的鉴赏和感受能力，拓宽他们的视野。作品的选择应当符合学生的认识水平、接受能力和情感趋向，同时应当具有可操作性。例如，教师选择《背影》作为例文，师生共同分析、讨论细节描写在人物塑造中的作用，这就很符合大一新生阔别亲人的心境。又如选择爱情题材的《王桂庵》作为例文，重点讲述炼字炼句的重要性和语言含蓄的特点，符合学生的情感趋向，教学效果良好。

（五）任务模拟法

在应用写作单元中，教师可以结合所讲内容进行任务模拟训练，让学生在设定的工作任务中认识、体会写作的实际状况，理解应用文写作的行文规则，掌握不同文体的写作方法，在实践中锻炼培养学生的实践能力。在教学中笔者将文体内容分解为若干个单元，通过特定的假定任务将相关文体贯穿在一起，促使学生动手动脑、积极参与。例如，在讲完行政公文和常用事务文书后，设计召开学生代表大会，围绕这个会议，让学生商讨怎样运用各种文体来组织会议，以保证会议的顺利展开。比如，如何请示上级领导部门批准召开会议，请示时如何处理团省委和省学联的关系，如何向与会人员发布通知，如何向兄弟学校及领导发出邀请，会后如何就大会情况进行会议记录，如何在会后形成会议纪要。在训练中笔者要求每位学生至少要扮演三种以上角色，完成其中至少三种文体的写作（请示、批复、通知、函、请柬、会议记录、会议纪要等）。这种训练有利于学生处理实际工作的能力的培养和综合素质的提高，效果较好。有学生反馈，在秘书岗位公务员面试中就碰到了同样的题目，完成得非常顺利。

综上所述，大学生写作能力的培养不仅可以提高大学生的语言表达能力，提高大学生写作各种应用文章的能力，还可以提高大学生的文化修养，使他们更好地理解我国优秀的传统文化，促进大学生全面健康发展。

三、大学生写作能力培养的重要性

可以说，中华优秀传统文化为写作提供了取之不尽、用之不竭的素材，而写作又为中华优秀传统文化的弘扬与传承提供了一个优质的展示平台，二者相辅相成、相互促进。教师在语文教学中，要因时制宜回归写作教学，指导学生用文字来承载优秀传统文化的深刻内涵，真正让中华优秀传统文化浸润学生心灵、规范学生德行、助力学生成长。

第一，大学生写作能力的培养可以提高大学生的语言表达能力、人际交往能力等，能够为大学生在社会上立足奠定基础；第二，大学生写作能力的培养可以提高大学生使用措辞的灵活度，帮助大学生充分施展自己的写作才华，提高大学生的文学修养；第三，大学生写作能力的培养可以帮助大学生解决工作中遇到的各种困难，使他们能够轻松撰写工作报告、工作总结、求职信等，也可以轻松撰写职称论文和专著等，促使大学生抓住各种工作机会。

第五节　贴近生活，营造校内外文化氛围

一、大学语文教学应在校内营造浓郁的传统文化氛围

大学语文教学在课堂授课的基础上，应开展形式多样的传统文化推广活动，使传统文化走进校园，营造浓郁的校园传统文化氛围。例如，成立以武术、书法、国画、民乐、京剧等传统文化艺术为主题的学生社团；举办经典诵读、中秋诗会、传统礼仪展示、太极拳表演、书法作品竞赛等活动来吸引学生参与其中，切身感受传统文化的魅力。

中国传统节日，凝结着中华民族的民族精神和民族情感，承载着中华民族的文化血脉和思想精华，是维系国家统一、民族团结和社会和谐的重要精神纽带，是建设社会主义先进文化的宝贵资源，引导学生关注传统节日，了解传统节日的文化内

涵，营造传统节日的文化氛围，培养学生的文化认同感。在校园各类文化媒体上开辟"传统文化"主题专栏，形成交流、研讨、展现传统文化的平台；邀请知名文化学者、非物质文化遗产项目的传承人来校作报告，开阔学生的视野，加深他们对传统文化的理解；创设传统文化特色的校园环境，在校园的建筑风格、园林景观、雕塑艺术等方面突出传统文化的元素，在教室墙壁悬挂书画作品、名人肖像展现传统文化的风采，充分发挥环境育人的功能，使学生在潜移默化中接受传统文化的熏陶。传统文化教育在合理利用校内资源的基础上，还应"走出去"，充分利用各类文化场馆、非物质文化遗产传承基地、历史文化名城名镇等社会公共文化资源，建立校外传统文化传播实践基地，形成传统文化教育的长效机制。

高校开设大学语文教育课程是传承传统文化的重要方式，大学语文教育不仅要提高大学生应用母语的水平，更重要的是使学生切身感受到传统文化的魅力，在传统文化的精神感召下修身立志形成健全的人格，成为中华传统文化的传承者。为此，大学语文教育的深化改革势在必行，必须要进一步明确大学语文的课程定位，优化教材的编选，转变教学理念，积极利用多媒体教学手段革新教学方法，培养和选拔优秀的师资从事大学语文教育工作，为传统文化的传承、发展、创新贡献力量。

二、大学语文教学应在校外与当地民俗文化教育相结合

大学语文教育的理念应避免"一刀切"的倾向，统一的教学模式只会制约大学生思维的扩展性，导致学生对于传统文化产生抵触的情绪。我国幅员辽阔，传统文化的表现形态也丰富多样，不同地域呈现出不同的特点。大学语文教育应针对传统

文化教育的特殊性，因地制宜，结合当地民俗文化的特点开展行之有效的传统文化教育。

民俗文化来源于民间生活，具有深厚的生活底蕴，是群众智慧的综合性体现，是研究传统文化的重要载体。大学生对于所属地域的民俗文化感知更为敏感，也更有兴趣，容易形成切身的感受，也便于进一步的文化考察，形成第一手的资料。学生可以依据个人兴趣选择民俗文化项目进行文化调研，深入实践中去搜集材料，独立地去分析问题，得出结论，充分发挥学生的主观能动性。教师做宏观层面上的指导，将课堂讲授延伸到实践领域，使学生在研究的过程中对于传统文化的渊源、历史沿革、传承发展形成切身的体会。要重点关照列入非物质文化遗产的民俗项目，引导学生认识其文化价值所在，鼓励学生对非物质文化遗产项目的传承和保护提出自己的意见和建议。在开展大学语文教学的基础上，开设民俗文化欣赏课程（选修），促进学生走进民俗、认识民俗、关注民俗，同时应加大相应师资的培养力度，使传统文化教育成为高等教育的有机组成部分。引导学生成立民俗社团，通过各种方式的民俗活动来加强学生之间的民俗文化交流，通过民俗教育来构建富有特色的校园文化。

参考文献

[1] 何静. 中国传统文化概论 [M]. 北京：解放军出版社，2015.

[2] 陈爱君. 走向内心的丰富与诗意：传统文化与语文教育的融合 [M]. 兰州：兰州大学出版社，2020.

[3] 刘晓婷. 传统文化理论基础与研究 [M]. 广州：华南理工大学出版社，2019.

[4] 武铁传. 中国传统文化与文化软实力研究 [M]. 北京：人民出版社，2019.

[5] 张良驯，周雄，刘胡权. 当代青少年中华优秀传统文化教育研究 [M]. 北京：北京理工大学出版社，2015.

[6] 刘婧. 中国传统文化视野下的汉语研究 [M]. 北京：北京理工大学出版社，2019.

[7] 吴欣. 语文写作教学与汉语言师范生的语言能力培养 [J]. 语文建设，2016（14）：9-10.